Trafic Web Extrême En Créant Un Faux Livre:
Comment Ecrire Un Livre Incontournable Sans Rien Rédiger Et Propulser Son Blog, Décupler Son Trafic Internet, Exploser Sa Mailing List.

TABLE DES MATIÈRES

INTRODUCTION.

Bienvenue dans cette formation de la série trafic web extrême qui va vous montrer comment créer facilement un livre incontournable dans votre marché pour propulser votre blog, obtenir des milliers de visiteurs ciblés et remplir votre mailing list de prospects de grande qualité qui se transformeront facilement en clients.

Si vous avez un blog vous allez voir que vous n'allez pas avoir besoin de rédiger une seule ligne du livre que vous allez créer.

Si vous n'en avez pas, vous verrez également comment en créer un très facilement sans avoir besoin d'en rédiger un.

Vous allez ainsi apprendre dans cette formation et faire partie d'une très petite minorité de personnes qui savent comment détourner le mécanisme du livre pour vous faire connaitre et être perçu comme un expert dans votre marché.

Vous allez ainsi facilement et très rapidement faire connaitre votre blog ou business en ligne quel qu'il soit, obtenir énormément de visiteurs ciblés et intéressés par votre thématique.

Vous verrez comment capturer l'email de ces visiteurs pour ensuite facilement les transformer en clients car ils seront à la base très ciblés.

Ainsi, ce livre va vous permettre de propulser totalement votre blog et votre business sur Internet, surtout si actuellement vous avez l'impression d'avoir tout essayé pour avoir des visiteurs et faire décoller votre site.

C'est d'ailleurs tout le problème des techniques de génération de trafic qu'on trouve partout sur Internet, dont tout le monde parle et qui en réalité ne fonctionnent pas vraiment surtout lorsqu'on débute.

On peut ainsi mentionner le référencement sur les moteurs de recherche (Google, Bing, Yahoo...) duquel on parle à toutes les sauces comme méthode pour obtenir du trafic gratuitement.

Le problème du référencement est qu'il met de longs mois avant de donner des résultats et vous offrir une position correcte dans les pages de Google. Avant ça, vous n'êtes pas visible et vous n'avez aucun visiteur.

Un deuxième problème est que même lorsque vous arrivez à vous positionner correctement, les algorithmes de Google changent en permanence.

Il suffit d'une modification soudaine pour vous faire perdre des mois d'effort, et tout recommencer. Sans compter que vous devrez toujours travailler à votre référencement pour l'entretenir.

Une deuxième technique qu'on perçoit comme la solution et dont tout le monde parle est la publicité.

Le problème avec la publicité est qu'elle est payante, et que souvent quand on démarre on n'a pas les moyens de dépenser des centaines d'euros et parfois des milliers.

C'est le genre de budget qu'il faut si on veut être un minimum sérieux avec la publicité, car n'allez pas vous imaginer que vous obtiendrez une campagne rentable du premier coup.

Au contraire, il va vous falloir souvent de nombreuses semaines de tests de différentes versions de vos pages de capture, du texte de vos annonces, des images de vos publicités, etc.

Au final, la plupart des gens abandonnent en cours de route, voyant le gouffre financier se creuser entre le prix de la publicité et les ventes qu'ils font grâce à elle.

Il reste alors d'autres techniques dont tout le monde parle pour essayer d'avoir du trafic Internet, et qui mènent au même constat décevant.

En effet, certains blogueurs en parlent juste par nécessité de créer du contenu et pas parce que ces méthodes fonctionnent vraiment.

D'ailleurs si elles fonctionnaient, ça se saurait et vouloir obtenir du trafic de qualité ne serait plus la préoccupation première de la majorité des marketeurs.

Ainsi, vous avez peut-être aussi essayé de poster des commentaires sur d'autres blogs de votre marché ou sur les forums et réseaux sociaux.

Vous avez peut-être même écrit des centaines de commentaires détaillés destinés à aider la communauté, en espérant vous faire connaitre et reconnaitre en tant qu'expert, et que des âmes charitables décident d'aller sur votre site pour vous remercier de votre contribution.

Les tests montrent que ce genre de stratégie n'amène souvent que 1 ou 2% de gens à cliquer sur votre lien, par exemple en cliquant sur le lien que vous mettez en signature lorsque vous postez sur les forums.

Aussi, si vous écrivez 400 messages de contribution, vous pouvez vous attendre environ à une petite dizaine de visiteurs.

Plutôt faible comme retour sur investissement non ?

On peut aussi passer à l'étape supérieure qui consiste à spammer de messages commerciaux et promotionnels les forums et réseaux sociaux afin de faire l'éloge de votre blog et de vos produits.

Le problème c'est que vous êtes vite repéré par les administrateurs qui détestent ça. Vos messages sont effacés sur le champ, vous êtes banni, et vous êtes grillé.

Bref, on peut encore lister longtemps toutes les techniques inépuisables qu'on peut trouver partout sur Internet, mais qui au final laissent la personne qui souhaite du trafic Internet de qualité bien démunie.

Et ce, même si elle crée des articles et des vidéos de grande qualité et même si ses produits sont excellents.

On ne parle bien entendu pas non plus ici de tous les services douteux auxquels certains débutants font appel pour avoir du trafic web, croyant avoir conclu l'affaire du siècle.

Ces types de services vous mettent des étoiles dans les yeux en vous proposant de vous envoyer des dizaines de milliers de visiteurs pour quelques euros.

Cherchez sur Internet et vous en trouverez plein vous proposant du trafic pour presque rien.

Ce qu'il faut savoir, c'est que le problème en soi n'est pas d'avoir du trafic.

Il suffit de payer ces services quelques euros, et vous aurez des tonnes de trafic à ne plus savoir quoi en faire.

Le vrai problème est d'avoir du trafic ciblé et de qualité.

Ce que tous ces services oublient de vous dire dans leurs promesses alléchantes, c'est que les visiteurs que vous allez avoir sont souvent des personnes de pays en développement qui ne parlent pas votre langue et qui sont payés au nombre de clics qu'ils font sur des sites web.

Plus ils cliquent sur plein de sites web, plus ils sont payés. Simple, non ?

Ce n'est évidemment pas ce genre de trafic que vous voulez, et avec lequel jamais personne n'achètera quoi que ce soit.

Ce que vous voulez, c'est du trafic ciblé et de grande qualité qui vous permettra de propulser votre blog et qui se transformera en clients.

C'est toute la raison d'être de la série trafic web extrême qui vous montre des techniques radicalement différentes de toutes celles que tout le monde utilise et qui ne fonctionnent pas, et qui va vous permettre d'obtenir des résultats extrêmes en termes de trafic ciblé.

Voici comment va se composer cette formation qui va vous montrer la technique pour créer un faux livre.

Elle va ainsi vous permettre de propulser votre blog, de décupler votre trafic Internet et de faire exploser votre mailing list d'inscrits très qualifiés qui se transformeront facilement en clients :

Module #1
Ce premier module va vous permettre de comprendre le principe et la puissance d'avoir un livre pour passer pour un expert et propulser votre blog ou votre business en ligne.

Vous allez voir notamment comment un livre peut vous faire passer les filtres des journalistes, et vous allez entrevoir les possibilités incroyables de vous faire connaitre facilement qui s'offrent à vous.

Module #2
Dans ce deuxième module, vous allez découvrir comment facilement et rapidement écrire un livre incontournable dans votre marché, sans même avoir besoin de le rédiger.

Vous découvrirez d'abord comment vous pouvez détourner le mécanisme du livre pour décupler votre trafic Internet et exploser votre mailing list de prospects affamés.

Ensuite, vous verrez comment structurer votre livre d'une manière totalement différente des livres traditionnels, afin de le transformer en aimant à trafic et adresses emails.

Puis, si vous êtes blogueur, vous allez voir une technique pour créer votre livre en un temps record sans même avoir besoin d'écrire la moindre ligne.

Si vous ne l'êtes pas, vous verrez une deuxième technique pour en écrire un très facilement et rapidement, toujours sans avoir besoin de rédiger quoi que ce soit.

Dans tous les cas, le contenu sera totalement le vôtre et ce n'est pas une autre personne qui créera ce contenu.

Module #3
Une fois que votre livre sera finalisé avec un mécanisme bien particulier pour obtenir du trafic Internet et capturer les adresses emails, il va être temps de le distribuer pour le faire connaitre à un maximum de personnes.

Vous allez découvrir dans ce troisième module comment faire la distribution de votre livre pour le faire connaitre facilement, rapidement et avec un impact maximal dans votre marché.

Tout le monde va en parler et vous allez faire le buzz.

Puis, avec le mécanisme si particulier avec lequel vous l'avez réalisé, tout le monde ira ensuite sur votre site et s'inscrira à votre mailing list.

Si vous appliquez cette technique, vous aurez alors à la fin de cette formation propulsé votre blog ou votre business à un niveau qui n'a plus rien à voir avec ce que vous avez peut-être aujourd'hui en termes de trafic, d'inscrits à votre mailing list et de ventes.

Laissez-vous guider en suivant les étapes simples en pas-à-pas pour mettre en place cette technique, en commençant tout de suite par le premier module à la page suivante.

MODULE #1: PRINCIPE ET PUISSANCE D'AVOIR UN LIVRE POUR PASSER POUR UN EXPERT ET PROPULSER SON BLOG.

Dans ce premier module de démarrage, vous allez comprendre l'importance d'un livre pour augmenter votre crédibilité et être perçu comme un expert, et comment il peut vous permettre de faire connaitre et propulser votre blog ou business en ligne.

Tout d'abord, lorsqu'on parle de faux livre, cela signifie que pour obtenir ces résultats vous n'avez pas besoin de rédiger un bouquin (vous verrez comment faire au deuxième module).

Ce qu'il faut savoir c'est qu'un livre est probablement une des meilleures façons de vous faire connaitre, et c'est parfois l'une des seules façons pour se faire connaitre.

C'est notamment le cas dans beaucoup de professions réglementées (Médecins, Avocats, etc.) qui n'ont pas le droit de faire de la publicité de la même façon que la plupart des autres personnes, et qui rédigent un livre pour se faire connaitre en faisant la promotion de ce livre.

Ils se fichent totalement de gagner de l'argent avec ce livre.

Leur but est de se faire connaitre un maximum et reconnaitre comme expert de leur domaine, et que les gens aillent voir leur site ou les appellent pour pouvoir leur vendre des choses qui coûtent évidemment bien plus cher qu'un livre.

Cette manière détournée d'utiliser un livre est employée par énormément de professions réglementées pour se faire connaitre.

La magie de cette technique est que vous allez pouvoir l'utiliser comme le fait une poignée de marketeurs initiés qui étendent son application et l'appliquent dans leurs professions non réglementées pour faire un véritable carton.

Le deuxième avantage d'un livre est qu'il va automatiquement vous positionner comme figure d'autorité et expert dans votre domaine.

En effet, avec un livre vous devenez un auteur et vous avez donc une preuve d'autorité concrète de votre expertise, ce qui vous rend crédible en tant que personne qui sait de quoi elle parle et qui fait référence dans son marché.

Le dernier avantage d'un livre est que le livre est un produit culturel, qui va vous permettre de passer le filtre des journalistes.

Comme vous le savez probablement, un journaliste ne va jamais parler d'un produit commercial comme par exemple une formation ou un produit que vous vendez.

En revanche, un journaliste va parler d'un produit culturel.

Il suffit d'allumer votre télé pour voir que 90% du temps les journalistes ne font pas la promotion de produits commerciaux mais de produits culturels tels que les livres, les CD, les DVD, les pièces de théatre ou encore les films, etc.

Le livre étant perçu comme un produit culturel va donc vous permettre de faire votre promotion en passant outre le filtre des journalistes qui à la base ne sont pas là pour faire votre publicité mais pour apprendre des choses aux gens ou vendre du papier.

Cela peut sembler étrange mais c'est pourtant une réalité.

Par exemple, il est difficile de considérer le dernier livre de Loana ou de Zidane comme un produit culturel, et c'est pourtant le cas pour les journalistes.

Ils vont alors en parler alors qu'ils ne parleront pas de quelque chose de commercial.

La stratégie ici va donc être d'utiliser le livre comme une carte de visite qui va vous permettre d'obtenir du trafic ciblé et surtout de faire passer les gens à quelque chose d'autre, qui va être ici l'inscription à votre mailing list.

Maintenant que vous avez compris le principe et la puissance d'un livre pour vous faire connaitre et être perçu comme un expert dans votre marché, vous allez voir comment écrire facilement un livre incontournable, sans avoir à l'écrire ni le faire écrire par quelqu'un d'autre.

MODULE #2: COMMENT FACILEMENT ÉCRIRE UN LIVRE INCONTOURNABLE SANS L'ÉCRIRE NI LE FAIRE ÉCRIRE.

A la fin de ce module, vous aurez complètement écrit votre livre qui sera incontournable dans votre thématique.

Si vous êtes blogueur comme c'est probablement le cas, vous allez voir que vous n'aurez pas besoin d'écrire quoi que ce soit pour avoir ce livre.

Si vous ne l'êtes pas, vous verrez une technique qui va vous permettre d'en créer un très rapidement, sans avoir besoin de vous mettre à l'écriture.

Avant de voir ces deux techniques pour créer votre livre, vous allez d'abord découvrir en page suivante comment vous allez détourner le mécanisme du livre et le structurer pour décupler votre trafic Internet et exploser votre mailing list.

II.1- Comment détourner le mécanisme du livre pour décupler votre trafic Internet et exploser votre mailing list.

Le mécanisme avec lequel vous allez construire votre livre consiste à mettre à la fin de chaque chapitre de votre livre un lien pour aller plus loin, et qui permet de télécharger un outil, un fichier PDF ou Excel, ou encore de voir une vidéo.

Par exemple vous pouvez écrire à la fin de chaque chapitre quelque chose comme :

"Pour aller plus loin, vous pouvez voir la vidéo ou télécharger le fichier xls à l'adresse suivante :"

Ou encore :

"Pour apprendre comment implémenter et mettre en application ce que vous avez appris dans ce chapitre afin d'obtenir les résultats, j'ai préparé spécialement pour les lecteurs une vidéo ou un PDF ou un outil que vous pouvez télécharger à cette adresse :"

Vous mettez alors juste en dessous un lien le plus simple possible à retenir vers une page de votre site web, par exemple :

www.votresite.com/chapitre1

Ou :

www.votresite.com/cadeau1

La page d'arrivée aura un formulaire d'inscription à votre mailing list où vous pourrez dire par exemple :

"Inscrivez votre adresse email pour télécharger gratuitement votre vidéo, votre PDF ou votre fichier xls :"

Ce qui se passe ici, c'est que vous appliquez au livre le concept du contenu en deux parties qui fonctionne si bien par exemple sur les blogs pour capturer des adresses email.

Le contenu en deux parties est en effet probablement l'un des moyens les plus efficaces pour faire en sorte que les gens qui lisent vos articles de blog ou qui regardent vos vidéos s'inscrivent à votre mailing list, en leur disant par exemple :

"Cet article ou cette vidéo sur mon blog vous a permis d'apprendre telle chose. Inscrivez-vous tout de suite sur le formulaire ci-dessous pour recevoir la fiche d'action PDF, l'exemple de script, le fichier audio, etc."

C'est donc ce même mécanisme de contenu en deux parties que vous utilisez ici pour construire votre livre.

Maintenant que vous avez compris comment détourner le mécanisme du livre pour obtenir du trafic Internet et récolter des adresses email, vous allez voir comment structurer votre livre pour pouvoir le créer facilement et sans devoir écrire quoi que ce soit.

II.2- Comment structurer votre livre pour être un aimant à trafic et adresses email.

Ce qu'il faut savoir, c'est que les livres qui fonctionnent pour générer un maximum de trafic et pour transformer un maximum de personnes en inscrits sur votre mailing list sont les livres où chaque chapitre est bien dissocié des autres, et où chaque chapitre apprend quelque chose au lecteur.

Le but va donc être de structurer votre livre de manière à avoir un maximum de chapitres courts et qui peuvent être consommés de manière totalement indépendante les uns des autres.

C'est pourquoi vous n'allez pas chercher à avoir uniquement 6 ou 7 chapitres comme un livre traditionnel, mais plutôt 50, 60 ou 100 petits chapitres d'une ou deux pages qui vont être indépendants, et très faciles à lire de manière autonome car ils seront courts.

Par exemple vous pouvez titrer votre livre :

- *"50 trucs de pro pour X"*

- *"101 astuces pour X sans Y"*

- *"100 techniques pour référencer votre site"*

- *"60 hacks pour gagner en efficacité"*

- Etc.

En adoptant une telle structure avec autant de segmentation, vous allez décupler les occasions pour qu'un lecteur visite votre site et s'inscrive à votre mailing list pour télécharger la deuxième partie de votre contenu.

En effet, il y aura à la fin de chaque chapitre un lien vers votre site web pour "aller plus loin" et télécharger une vidéo ou un fichier complémentaire, comme on l'a vu dans la partie précédente.

Maintenant que vous avez découvert la manière bien particulière de structurer votre livre pour vous assurer de capter un maximum de trafic et d'adresses email, vous allez voir comment le créer très facilement et en un temps record sans avoir besoin d'écrire une seule ligne.

II.3- Comment créer votre livre facilement et en un temps record sans avoir besoin de l'écrire (technique n°1).

Ce qu'il faut savoir, c'est que le deuxième gros avantage de la structure particulière de votre livre que vous venez de voir est qu'elle va vous permettre de créer votre livre en un temps record.

Si vous avez un blog (ce qui est probablement le cas de la majorité des personnes qui possèdent cette méthode), vous n'allez pas avoir besoin d'écrire la moindre ligne.

Vous allez en effet créer votre livre en utilisant du contenu que vous avez déjà : vos articles de blog.

Chacun de vos articles fera l'objet d'un chapitre de votre livre.

Si par exemple vous avez un blog sur l'efficacité, les 50 trucs et astuces pour être plus efficace au travail ou dans sa vie, vous les avez déjà sur votre blog.

La seule chose que vous avez à faire est de simplement de recopier vos articles de blog sous un format livre.

Vous pouvez ainsi facilement créer un livre pratique incontournable dans votre marché en seulement une heure ou deux, le temps de mettre vos articles au format livre.

De part la qualité de vos articles de blog, vous obtiendrez ainsi un livre à haute valeur ajoutée qui fera autorité et référence dans votre thématique.

Si vous postez par exemple un article chaque jour, vous voyez qu'en reprenant vos articles des deux derniers mois, votre livre avec 60 chapitres et intitulé *"60 tactiques de pros pour X"* peut-être prêt très vite, sans que vous n'ayez eu besoin d'écrire quoi que ce soit en plus.

Et même si vous n'écrivez que quelques articles par semaine, vous pourrez facilement les regrouper tous les 2, 3 ou 6 mois pour créer un nouveau livre en un temps record.

Si vous êtes par exemple dans une thématique telle que le marketing Internet et que votre blog possède plusieurs sous-thématiques (email marketing, trafic web, création de produits, affiliation, etc.) vous pouvez très bien segmenter votre livre sur le marketing Internet en sous-thématiques afin d'utiliser tous les articles que vous avez créés au fil du temps.

Par exemple, vous pouvez créer un livre intitulé *"50 méthodes pour décupler vos ventes sur Internet"*, et segmenter l'intérieur en sous-thématiques.

Vous mettrez par exemple 10 chapitres sur l'email marketing où chaque chapitre correspondra à un article de blog de votre sous-thématique email marketing.

Vous mettrez ensuite 7 chapitres sur la création de contenu, puis 9 sur la création de contenu, etc.

De cette manière et surtout si votre blog est récent, vous n'avez pas besoin d'attendre d'avoir fait 50 articles sur une sous-thématique spécifique comme l'email marketing ou l'affiliation, et vous pouvez immédiatement avoir votre livre en le segmentant ainsi pour utiliser tous vos articles.

Maintenant que vous savez comment créer très facilement votre livre en un temps record et sans rien écrire de nouveau, vous allez voir une deuxième technique pour le faire, dans le cas où vous n'avez pas de blog et pas d'articles.

Bien entendu vous aurez besoin de créer ce contenu, mais vous n'allez pas avoir besoin d'écrire quoi que ce soit.

II.4- Comment créer votre livre facilement et en un temps record sans avoir besoin de l'écrire (technique n°2).

Vous allez maintenant voir un processus en 5 étapes pour créer votre livre facilement et rapidement sans avoir vraiment besoin de l'écrire, et même si vous n'avez pas d'articles de blog.

Il vous suffit de vous laisser guider par ce processus en pas-à-pas en 5 étapes simples, que vous allez voir ci-après.

Etape 1 :
Listez les titres de vos chapitres.

Créez-vous un fichier texte qui liste tous les titres des chapitres de votre livre.

Comme on l'a vu précédemment, chaque chapitre est totalement indépendant de l'autre et peut être sur un sujet différent.

Par exemple si vous êtes dans la thématique de la musculation et que vous faites un livre sur *"60 moyens d'avoir des muscles d'acier en 5 semaines en 30 minutes par jour"*, un chapitre peut parler d'un exercice pour muscler les abdominaux, un autre pour évacuer rapidement les calories, un autre encore sur l'alimentation pour sécher rapidement, etc.

Listez ainsi 50, 60 ou 100 titres de chapitres différents.

Rappelez-vous que le but est d'avoir un maximum de petits chapitres très courts et indépendants les uns des autres.

A ce stade, vous n'avez rien besoin d'écrire d'autre que ces titres.

Ne commencez surtout pas à rédiger les chapitres, car vous allez procéder autrement qu'en écrivant, afin d'aller beaucoup plus vite.

Etape 2 :
Enregistrez chaque chapitre avec un dictaphone.

Enregistrez chaque chapitre en parlant 4 ou 5 minutes maxi dans un dictaphone.

Vous n'avez pas besoin de faire de plan auparavant. Il vous suffit simplement de parler sur le sujet dont traite le titre du chapitre en question que vous avez listé à l'étape 1.

Selon la vitesse à laquelle vous voulez terminer votre livre, vous enregistrerez plus ou moins de chapitres dans un court laps de temps.

Vous pouvez décider d'enregistrer 6 chapitres par semaine, ce qui vous prendra 6 x 5 minutes, soit 30 minutes par semaine pendant 10 semaines.

Vous pouvez aussi décider d'enregistrer 12 chapitres par jour, ce qui vous prendra environ une heure par jour pendant 5 jours.

Ainsi, si vous commencez le lundi et que votre livre possède 60 chapitres, tous vos chapitres seront enregistrés le vendredi soir, en ayant travaillé dessus seulement une heure par jour pendant cinq jours.

A vous de voir la fréquence avec laquelle vous souhaitez aller pour construire votre livre.

Etape 3 :
Faites transcrire vos enregistrements en texte.

Envoyez vos différents chapitres enregistrés à un transcripteur qui travaille par exemple en freelance, et qui va se charger de les transformer en texte.

Vous pouvez trouver très facilement des transcripteurs à des coûts très faibles sur de nombreux sites tels que upwork.com, elance.com ou encore fiverr.com.

Etape 4 :
Editez vos chapitres.

Une fois que vous avez reçu vos chapitres transcrits en texte, cette étape consiste à les éditer en les relisant rapidement pour corriger les fautes ou reformuler certaines phrases.

Notez que vous pouvez aussi faire sous-traiter cette relecture en trouvant un relecteur en freelance, ou directement à l'étape précédente en engageant un transcripteur qui va assurer également la fonction de relecture et d'édition.

Etape 5 :
Imprimez votre livre.

Une fois votre livre finalisé, cette étape consiste à l'imprimer.

L'idéal pour commencer est de l'imprimer à la demande plutôt que directement faire imprimer 1000 exemplaires sans être sûr de pouvoir les écouler.

Vous pouvez très facilement faire imprimer votre livre à la demande avec des services tels que lulu.com.

Le site s'occupe alors de tout pour que le livre soit ensuite totalement prêt à la distribution: numéro ISBN, code barre, dépôt légal, etc.

Le prix d'un livre imprimé ne coûte quasiment rien et ne pas vous coûter plus de deux ou trois euros, ce qui est négligeable à côté des inscrits que vous allez obtenir et des ventes que ces inscrits vous permettront de faire.

Toute personne un minimum sérieuse dans son développement de business ne se posera d'ailleurs même pas la question de savoir si elle doit investir ou pas dans son business.

Si vous vendez par exemple des produits ou des formations à 97 euros et que vous décidez d'imprimer 40 livres pour 100 euros ou moins et que vous récoltez 14 inscrits et 3 clients (donc trois ventes), alors vous faites un bénéfice net immédiat de 191 euros.

Sans compter que vous aller démarcher par la suite les inscrits et clients.

Les inscrits seront aussi susceptibles d'acheter vos produits en les relançant, comme c'est souvent le cas, et les clients pourront acheter d'autres de vos produits. Votre bénéfice sera donc bien plus élevé au final.

Rappelez-vous que le but premier de votre livre n'est pas de gagner de l'argent par la vente de ce livre.

Le but premier est de vous servir de carte de visite pour vous faire connaitre, pour faire connaitre votre site, et que vos lecteurs se transforment en inscrits de qualité sur votre mailing list pour ensuite faire des ventes.

Bref, ne pas investir un minimum dans son business ne fait pas vraiment de sens surtout si votre projet d'entreprise est sérieux, comme c'est très certainement le cas si vous lisez cette méthode.

Par ailleurs, sachez que vous verrez des méthodes de distribution dans le troisième module qui vont vous permettre d'annuler totalement le coût de fabrication du livre.

Ceci termine ce deuxième module.

Vous avez vu dans une première partie la manière de détourner le mécanisme d'un livre pour vous permettre de décupler votre trafic Internet et exploser votre mailing list.

Vous avez ensuite vu la manière de structurer votre livre radicalement différente des livres classiques, afin de transformer votre livre en aimant à visiteurs sur votre site et inscrits à votre mailing list.

De plus, vous avez vu une première technique qui vous permet grâce à cette structure particulière de créer facilement et rapidement votre livre sans avoir besoin d'écrire quoi que ce soit, notamment en utilisant vos articles de blog.

Vous avez également vu une seconde technique pour créer votre livre dans le cas où vous n'avez pas de contenu, et qui vous permet d'en réaliser un très rapidement et sans vraiment avoir besoin d'écrire la moindre ligne.

A ce stade, votre livre est finalisé et désormais prêt à la distribution.

Vous allez maintenant voir dans le troisième module comment distribuer votre livre pour générer un maximum de trafic et d'inscrits à votre mailing list, et que bien entendu ces inscrits soient hyper ciblés et intéressés par votre marché et qu'ils constituent des acheteurs potentiels.

MODULE #3: COMMENT DISTRIBUER VOTRE LIVRE POUR LE FAIRE CONNAITRE PARTOUT ET FAIRE LE BUZZ.

Maintenant que votre livre est finalisé et prêt à la distribution, vous allez voir dans ce troisième module comment le distribuer pour vous faire connaitre par un maximum de personnes de votre marché et faire le maximum de bruit dans votre marché.

Le but ici va donc être d'utiliser votre livre comme carte de visite afin d'obtenir le plus possible de trafic ciblé et d'inscrits de qualité sur votre mailing list.

Vous allez voir dans les pages suivantes un plan d'action en 4 étapes pour distribuer votre livre de manière optimale.

Chaque étape détaille une stratégie de distribution à recopier, que vous pouvez utiliser de manière indépendante ou conjointe avec les autres stratégies.

Bien entendu, le but est d'utiliser de front les 4 stratégies de distribution pour avoir un maximum d'impact.

Commençons par la première stratégie en page suivante.

III.1- Stratégie de distribution n°1.

La première stratégie consiste tout simplement à donner votre livre partout à qui vous pouvez le donner.

Par exemple si vous allez à un salon de votre thématique, venez avec un pack de livres dans votre voiture ou avec un sac à dos rempli de livres, et donnez-le comme vous donneriez une carte de visite.

Vous aurez l'assurance que les gens vont s'en souvenir bien plus qu'une simple carte de visite.

Evidemment, au même titre que vous le feriez avec une carte de visite, donnez-le avec discernement aux personnes qui vous semblent pertinentes pour devenir de futurs clients potentiels ou de futurs partenaires.

Voyons maintenant la deuxième stratégie de distribution.

III.2- Stratégie de distribution n°2.

La deuxième stratégie pour distribuer votre livre consiste à faire une campagne pour toucher la presse, les sites d'information, les sites d'actualité et les gros blogs de votre marché.

Comme nous l'avons évoqué, les journalistes raffolent en général de tout ce qui est nouveau et culturel.

Votre livre est donc le parfait produit à leur présenter et ainsi faire parler de vous.

Voici comment lancer une campagne de presse en deux étapes :

Première étape.

Cette première étape ne sera à faire qu'une seule fois et va vous servir ensuite à chaque fois que vous voudrez lancer une campagne de presse.

Elle consiste à lister tous les contacts de presse, de sites d'information, d'actualités et de gros blogs de votre marché.

Cela vous prendra certes peut-être deux ou trois heures, mais l'avantage est qu'une fois que vous aurez cette liste, vous n'aurez plus besoin d'y revenir et vous pourrez la réutiliser dans vos futures campagnes.

Vous allez dresser maintenant la liste de tous les contacts (nom et coordonnées du journaliste ou de la personne responsable de la publication des news) pour la presse traditionnelle de votre thématique ainsi pour les sites d'information, les sites d'actualités et les gros blogs de votre thématique.

Un bon moyen de trouver rapidement ces sources est de taper dans Google puis dans Yahoo et Bing le mot-clé de votre thématique suivi du signe + et le nom du support entre guillemets.

Par exemple si vous êtes dans le marché du marketing Internet, vous pouvez taper :

- marketing internet + "presse"

- marketing internet + "journal"

- marketing internet + "magazine"

- marketing internet + "site d'information"

- marketing internet + "site d'actualité"

- marketing internet + "blog"

- Etc.

Vous pouvez aussi trouver des synonymes à "marketing internet" en le remplaçant par exemple par "marketing en ligne" ou "webmarketing".

Vous dresserez alors assez rapidement une liste des principales sources de presse, sites d'information et gros blogs de votre marché.

Si vous avez un doute sur certaines sources pour savoir si c'est un site important dans votre thématique, vous pouvez taper son url dans alexa.com, qui indique la position d'un site web en fonction du nombre de visiteurs qu'il reçoit.

Essayez de lister au minimum 20 sources, si possible plus.

Si vous n'en trouvez pas 20, listez-en le maximum possible et surtout votre liste doit inclure la totalité des plus gros sites de presse, d'information et de blogs de votre marché.

Ce qu'il faut savoir, c'est qu'il est nettement plus efficace et préférable en termes de résultats de ne cibler que quelques sites de niches mais qui sont extrêmement ciblés sur votre thématique, plutôt que de viser des sites de mainstream tels que les quotidiens ou gros sites d'actualités nationaux généralistes où il y a monsieur et madame tout le monde.

Il est en effet nettement préférable de toucher une catégorie de personnes qui ont un intérêt pour votre marché et qui seront des acheteurs potentiels plutôt que des gens qui se fichent pas mal de votre thématique et qui, quoi qu'il arrive, n'achèteront jamais rien chez vous.

Une fois que vous avez constitué cette liste, vous pouvez passer à la deuxième étape en page suivante, et vous n'aurez plus besoin de revenir par la suite à cette première étape.

Deuxième étape.

Cette deuxième étape consiste à reprendre la liste des contacts que vous avez sélectionnés précédemment et de leur envoyer votre livre.

Bien entendu, vous allez leur spécifier que vous êtes disponible pour une interview. C'est comme ça qu'on fait la promotion d'un livre.

En effet, vous n'allez pas vous contenter simplement d'envoyer le livre sans rien demander, auquel cas vous pourriez attendre longtemps.

Vous allez donc envoyer le livre tout en leur expliquant bien de quoi traite votre livre, car vous devez savoir que la plupart des journalistes ne vont même pas le lire.

Il faut donc leur expliquer brièvement de quoi il s'agit et de quoi vous traitez dedans en leur donnant une sorte de résumé.

Puis enfin, vous allez leur dire que vous êtes disponible pour une interview, en laissant vos coordonnées et surtout votre numéro de téléphone.

Passons maintenant à la troisième stratégie de distribution.

III.3- Stratégie de distribution n°3.

La troisième stratégie de distribution a permis à certaines personnes notamment aux Etats-Unis de devenir n°1 dans leur thématique juste en appliquant cette seule stratégie.

Elle consiste à donner votre livre gratuitement à des revendeurs pour qu'ils le revendent gratuitement.

Il s'agit de personnes qui sont dans la même thématique que vous et qui vendent de tout.

Vous pouvez alors leur dire qu'ils peuvent revendre les livres que vous leur envoyez gratuitement et que vous n'en demandez pas un centime car ça vous permet de vous faire connaitre.

Bien entendu, il faut que votre livre soit construit de la même façon qu'on a vue dans le deuxième module, afin que les lecteurs se transforment non seulement en visiteurs mais aussi en inscrits.

Vous pouvez par exemple commencer en leur donnant un pack de 50 livres, et en leur disant de vous appeler s'ils sont à court de livres pour que vous leur fournissiez gratuitement un nouveau stock.

Certaines personnes ont ainsi inondé leur marché de cette manière, et certaines personnes qui étaient dans le domaine de la formation et qui vendaient des produits d'information dans des thématiques bien précises sont devenues n°1 dans leur thématique simplement en utilisant cette stratégie.

En plus des revendeurs, vous pouvez également inclure d'autres blogueurs de votre thématique ou même des personnes qui ont des boutiques en ligne dans votre thématique.

Ces personnes on en effet tout à y gagner, puisque vous leur donnez le produit gratuitement et elles le revendent le prix qu'elles veulent.

Bien souvent dans les faits, beaucoup de gens ne vont pas vendre votre livre séparément mais vont l'utiliser pour faire des bundles.

Autrement dit, ils vont vendre par exemple séparément un CD et un DVD, et ils donneront votre livre gratuitement si les personnes achètent le CD et le DVD en même temps.

Aussi, peu importe la manière dont ils s'y prennent pour distribuer votre livre, ils touchent des personnes de la même manière dans un cas comme dans l'autre et cela n'a donc pas d'importance pour vous.

Certaines personnes ont utilisé il y a quelques années cette même stratégie mais au lieu de donner un livre physique ils donnaient un ebook gratuit avec des droits de revente.

Si cette stratégie fonctionnait encore il y a quelques années, elle a aujourd'hui tendance à être considérée comme du marketing assez agressif et démodé dans le sens où l'ebook a de plus en plus une connotation négative.

De plus, comme on l'a vu dans le deuxième module, ça ne coûte vraiment pas cher de faire imprimer vos livres.

D'ailleurs, la quatrième stratégie qui va suivre va être une stratégie qui va vous permettre de faire une opération blanche, c'est-à-dire que les coûts de fabrication des livres vont être totalement couverts par votre opération.

III.4- Stratégie de distribution n°4.

La quatrième stratégie de distribution consiste à faire une opération avec des gros sites, par exemple avec des gros forums de votre marché.

Vous allez ainsi proposer à l'administrateur de donner gratuitement votre livre à tous les gens de son site qui le demandent, mais uniquement de son site qui aura l'exclusivité de cette opération. Aucun autre ne pourra en bénéficier.

Vous allez donc pouvoir faire une telle opération avec ce site dans laquelle les gens pour recevoir votre livre ne devront payer que les frais de port et de manutention pour qu'il leur soit envoyé gratuitement.

Les frais de manutention sont très intéressants car ils permettent de compenser le prix que vous payez pour fabriquer le livre.

En d'autres termes, vous faites fabriquer le livre et vous l'incluez dans les frais de port et de manutention.

Ainsi, vous envoyez grâce à cette opération gratuitement à un maximum de gens votre livre, en leur permettant d'être vos visiteurs, vos inscrits et vos clients.

Ces personnes vont avoir une valeur extrêmement supérieure à monsieur et madame tout le monde qui n'ont aucun intérêt pour votre marché mais qui visitent votre site uniquement par simple curiosité en suivant par exemple un buzz ou en vous voyant sur Twitter, mais qui n'achèteront bien évidemment jamais quoi que ce soit.

L'action pour cette quatrième stratégie de distribution consiste donc à contacter les gros sites et à leur présenter votre proposition en disant par exemple :

"Je voudrais monter une opération pour me faire connaître, et en plus ça te permettrait de donner quelque chose à tes visiteurs pour les remercier de te suivre, je voudrais simplement offrir mon livre gratuitement à tes visiteurs.

Ton site aurait bien entendu l'exclusivité de cette opération et mon livre ne sera proposé gratuitement pour que tes visiteurs ou les membres de ton site ou forum.

Simplement, je leur demande juste de payer les frais de port et de manutention de X euros (par exemple 4 euros)."

Ainsi, vous insisterez bien sur le côté exclusif de cette proposition valable uniquement pour le site en question.

Par exemple, vous pouvez à côté faire le lancement de votre livre sur une de vos pages web en le vendant 15 ou 20 euros.

Vos pouvez ensuite dire à l'administrateur à qui vous avez proposé cette opération qu'en parallèle du lancement payant du livre, vous l'offrez gratuitement pour son site uniquement.

Ceci termine ce troisième module.

Vous avez vu 4 stratégies de distribution puissantes de votre livre qui vont vous permettre de faire un maximum de bruit pour vous faire connaître dans votre marché.

Si vous combinez ces différentes stratégies pour vous faire connaitre, vous allez littéralement propulser votre blog ou business en ligne.

Vous serez connu et crédible dans votre marché. Vous allez recevoir des visiteurs qui vont se transformer en inscrits et facilement en clients car ces personnes seront de grande qualité en termes de ciblage et votre taux de conversion sera donc très élevé.

Encore une fois, rappelez-vous que l'objectif d'un livre n'est dans ce cas jamais de gagner de l'argent directement, mais sert de carte de visite.

Votre livre est une première étape qui permet d'attirer les gens sur votre site et de s'inscrire à votre mailing list pour ensuite devenir clients.

Ainsi se termine cette formation et il reste à la conclure en page suivante.

CONCLUSION.

Ainsi se termine cette formation.

Vous avez maintenant tout ce qu'il faut pour créer et distribuer un livre que vous n'aurez pas besoin d'écrire, et qui va propulser votre blog, décupler votre trafic Internet et exploser votre mailing list de prospects de grande qualité qui deviendront facilement clients.

Un premier module vous a permis de comprendre l'importance d'un livre pour augmenter votre crédibilité et être perçu comme un expert.

Vous y avez aussi découvert la puissance d'un livre pour pouvoir faire connaitre votre site et propulser votre blog.

Le deuxième module vous a montré comment facilement écrire un livre incontournable sans avoir vraiment à l'écrire.

Vous y avez découvert comment détourner le mécanisme du livre pour décupler votre trafic web et exploser votre mailing list, et découvert la manière bien particulière de structurer votre livre pour le transformer en aimant à trafic et à adresses email.

Vous avez ensuite découvert deux techniques pour créer votre livre le plus facilement et rapidement possible, sans devoir écrire quoi que ce soit.

A la fin du deuxième module, votre livre était donc finalisé et prêt à la distribution.

Le troisième module vous a montré la meilleure façon de distribuer votre livre pour faire un maximum de bruit et obtenir un maximum de visites et d'inscrits à votre mailing list.

Vous avez ainsi découvert les 4 stratégies de distribution les plus puissantes pour votre livre.

Une seule de ces stratégies peut rien qu'à elle tout changer (comme ce fut le cas pour certaines personnes qui ont été propulsées n°1 de leur thématique en appliquant uniquement la troisième stratégie qu'on a vue).

En combinant ces différentes stratégies, vous obtiendrez ainsi des résultats spectaculaires en termes de trafic, d'inscrits et de clients sur votre blog ou business en ligne.

Par ailleurs, vous pouvez reproduire toute cette opération régulièrement au cours de l'année pour démultiplier encore plus vos résultats.

En effet si vous êtes blogueur, vous pouvez facilement créer de nouveaux livres par exemple tous les trois ou quatre mois, à chaque fois que vous avez suffisamment d'articles de blog pour refaire un livre avec le même modèle de structure que vous avez découvert, puis distribuer ces livres en utilisant les stratégies du troisième module.

Maintenant que vous connaissez le mode opératoire détaillé de cette technique de trafic web extrême, vous pouvez bien entendu l'utiliser autant de fois que vous le souhaitez et pour n'importe quel marché.

Je vous envoie donc tous mes voeux de succès avec cette technique des faux livres pour qu'elle propulse votre blog ou votre business en ligne au niveau supérieur, et je vous dis j'espère à bientôt dans une prochaine formation.

A PROPOS DE L'AUTEUR.

Rémy Roulier est un ancien ingénieur informatique et responsable marketing dans une multinationale.

Il est aujourd'hui auteur best-seller, digital nomad et voyage partout dans le monde, ayant acquis depuis plus de dix ans une véritable expertise dans le marketing internet et le développement personnel.

Il partage aujourd'hui ses outils et son expérience pour permettre aux autres d'atteindre également leur indépendance financière et de façonner leur vie telle qu'ils la désirent vraiment.

CRÉATIONS DU MÊME AUTEUR.

Retrouvez mes nombreuses créations directement sur Amazon.

En voici aussi quelques-unes qui peuvent vous servir :

TRAFIC WEB EXTRÊME AVEC LES CAMPAGNES PRESSE/BLOG: COMMENT MANIPULER LES JOURNALISTES, SITES D'INFORMATION, GROS BLOGS POUR FAIRE LE BUZZ ET OBTENIR DES MILLIERS DE VISITEURS SUR VOTRE SITE.

Cette méthode vous montre comment utiliser à votre avantage la presse, les sites d'information, d'actualité et les gros blogs. Vous allez y apprendre comment manipuler les journalistes pour obtenir des milliers de visiteurs ciblés instantanément sur votre site sans dépenser le moindre centime.

TRAFIC WEB EXTRÊME AVEC L'ACHAT DE CLIENTS GRATUITS: COMMENT OBTENIR DU TRAFIC INTERNET HYPER QUALIFIÉ INSTANTANÉMENT SUR VOTRE SITE SANS RIEN PAYER SI VOUS NE VENDEZ PAS.

Voici une technique révolutionnaire de la série trafic web extrême qui va vous montrer comment obtenir du trafic ciblé gratuitement sur votre site en ne payant que lorsqu'un visiteur achète. Arrêtez de payer la publicité Google ou Facebook sans être sûr que vos visiteurs vont acheter vos produits, et dévorez cette nouvelle technique pour acheter des clients gratuits et décupler vos ventes et revenus instantanément.

TRAFIC WEB EXTRÊME EN INFILTRANT LES FORUMS:
COMMENT MANIPULER LES FORUMS ET GROUPES FACEBOOK POUR OBTENIR DES MILLIERS DE VISITEURS GRATUITEMENT SUR VOTRE BLOG SANS SPAM NI PROMOTION.

Découvrez ici la manière la plus efficace d'utiliser les forums et groupes Facebook pour obtenir des tonnes de trafic ciblé sur votre site gratuitement, sans faire de spam ni passer pour un commercial.

TRAFIC WEB EXTRÊME AVEC LES ANNONCES EXPLOSIVES:
30 MINUTES POUR FAIRE LE BUZZ DANS VOTRE THEMATIQUE SUR LES BLOGS, FORUMS, RESEAUX SOCIAUX FACEBOOK, TWITTER ET FAIRE EXPLOSER VOTRE TRAFIC INTERNET.

Découvrez comment vous pouvez créer un véritable buzz dans votre thématique et obtenir des milliers de visiteurs ciblés en fabriquant une annonce explosive en seulement 30 minutes chrono. Jamais une technique n'aura généré autant de trafic ciblé aussi rapidement et gratuitement.

TRAFIC WEB EXTRÊME AVEC LE PARASITAGE DE PRODUIT:
VOLEZ LEGALEMENT DES MILLIERS DE VISITEURS PAR SEMAINE A VOS CONCURRENTS FACILEMENT, INSTANTANEMENT, ET GRATUITEMENT ET TRANSFORMEZ-LES EN CLIENTS.

Cette technique de la série "trafic web extrême" va vous permettre d'obtenir chaque semaine des milliers de visiteurs ciblés en les volant légalement à vos concurrents. Vous allez également pouvoir faire exploser votre mailing list et décupler vos ventes en transformant

48

facilement ces visiteurs en clients, sans dépenser le moindre centime en publicité.

DEVENIR RICHE EN 42 JOURS:
LA METHODE PAS-A-PAS POUR.GAGNER DE L'ARGENT SUR INTERNET ET
VIVRE SES REVES EN PARTANT DE RIEN.

Une méthode prouvée qui vous guide pas-à-pas et vous permet d'atteindre votre indépendance financière en 42 jours grâce à Internet, même si vous démarrez actuellement de rien. Un must à ne pas manquer.

www.ingramcontent.com/pod-product-compliance
Lightning Source LLC
Chambersburg PA
CBHW061228180526
45170CB00003B/1206